COMBATE EL ESTRÉS LABORAL

Los secretos para no sentirse desbordado en el trabajo

Por Géraldine de Radiguès

Traducido por Marina Martín Serra

Coaching en50MINUTOS.es

LAS CLAVES PARA EL ÉXITO

COMBATE EL ESTRÉS LABORAL

- **¿Problemática?** Diga basta al estrés en la oficina. Controle sus reacciones.
- **¿Utilidad?** Reaccionar de una manera reflexiva para no perder la dignidad; evitar las situaciones de huida, de lucha o de inercia; aprender a superarse y a pasar de la supervivencia a la creatividad.
- **¿Preguntas más frecuentes?**
  - ¿Para qué sirve el estrés?
  - ¿Cómo se reconoce el estrés?
  - ¿Qué se esconde tras el estrés?
  - ¿Cómo convivir con un colega estresado?
  - ¿Cómo se puede aliviar el estrés?

Indispensable para la supervivencia, el estrés ha formado parte, desde siempre, del funcionamiento de los animales. En un sentido más amplio, tiene una función de indicador de peligro y puede estimular mucho a todo ser vivo que padezca esta tensión.

Hoy en día, en nuestros países occidentalizados, el nivel de estrés al que tiene que enfrentarse la mayoría de los trabajadores, en la empresa o en otros lugares, ha aumentado de forma innegable. Esta presión empuja a cada individuo a maximizar su rendimiento, bajo pena de ser amenazado, de sentirse infravalorado o atrapado en objetivos imposibles de alcanzar, controlado durante su trabajo u obligado a reembolsar una parte de sus ganancias en caso de resultados no alcanzados, de ser comparado con los otros colegas, y un largo etcétera. Estas exigencias hacen que la gente esté bajo presión, y por desgracia cada vez hay más casos de depresiones, de *burnout* o de consumo de ansiolíticos.

Pero, ¿qué es lo que nos lleva a acabar en semejante estado? Intentemos entender cómo transformar un sentimiento de estrés, *a priori* desagradable, en una fuente de superación de uno mismo positiva.

EL ABECÉ DEL TRABAJADOR ESTRESADO

¿QUÉ ES EL ESTRÉS?

El estrés es una información emitida por el cerebro para alertarnos de que vivimos una situación que nos supera, que nos coloca en una situación incómoda y/o nos da inseguridad. Este síntoma, aunque poco agradable, siempre ha existido y es muy útil. Viene de la parte más primitiva de nuestro cerebro: el cerebro reptil.

> **¿SABÍAS QUE...?**
>
> En neurocognitivismo, se divide al cerebro en varias partes:
>
> - el cerebro reptil, que es el más primitivo o instintivo;
> - el gregario o paleomamífero, que controla nuestro posicionamiento en un grupo;
> - el neomamífero o la «biblioteca de recuerdos, de vivencias o de informaciones diversas»;
> - el prefrontal, donde se encuentran la creatividad y la adaptabilidad.

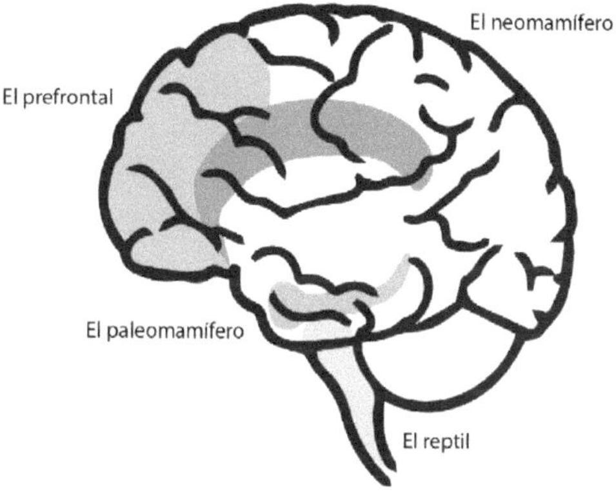

Frente a un sentimiento de estrés, todos, tanto animales como humanos, pueden mostrar tres actitudes diferentes:

La huida

- **El animal** corre, huye cuando advierte un peligro.
- **Los hombres** reaccionan de forma similar: su instinto les empuja a sentir este mismo deseo de huir. ¿Quién no ha sentido alguna vez unas ganas repentinas de huir antes de una reunión importante? ¿Quién no ha tenido alguna vez ganas de ir al baño justo antes de una entrevista o de un examen? Mucho más que una sensación, este tipo de comportamiento tiene sentido a nivel fisiológico: nos

alivia en caso de salida precipitada.

La lucha

- **El animal** gruñe, muestra su fuerza para impresionar a su adversario y convencerle de que se someta.
- **En los humanos,** este estado se traduce en cólera, gritos, golpes encima de la mesa, ceños fruncidos, violencia, insultos para afirmar el poder y el potencial propios de cada uno y dominar al interlocutor.

La inercia

- Frente al peligro, **el animal** no se mueve, permanece inmóvil con la esperanza de pasar inadvertido, de ser olvidado. ¿No os ha pasado alguna vez que habéis encendido una lámpara y habéis visto a una araña inmóvil en la pared? Conduciendo por la noche, ¿no habéis sorprendido nunca con vuestras luces del coche a un conejo, inmóvil en medio de la carretera?
- **Los hombres** experimentan, frente a algunas situaciones, una sorpresa tal que se quedan desorientados y literalmente paralizados. Así pues, a veces son incapaces de reaccionar cuando, por ejemplo, un armario se desploma encima de un colega que está cerca de ellos. Además, algunos permanecerán imperturbables delante de su jefe chillando, mientras que diez minutos más tarde, una vez hayan salido de este estado de inercia, encontrarán los argumentos y excusas que habrían tenido que plantear delante de su superior. Por último, a veces sienten simplemente un desaliento que les conduce a abandonarlo todo.

EL ESTRÉS, INDICADOR DE LOS LÍMITES DE CADA UNO

Ha quedado claro que el estrés tiene un papel de indicador, ya que nos transmite un mensaje y nos confronta a nuestros límites.

Así, cuando un acontecimiento o una palabra nos sume en un estado de tensión, es porque este elemento exterior hiere directamente nuestra sensibilidad. Reactiva una susceptibilidad, una vivencia difícil, una emoción, y como no queremos volver a vivir más esta situación, a causa del instinto de supervivencia, nuestra mente se mueve hacia una zona de estrés. El cerebro reptil toma entonces las riendas de nuestras acciones para protegernos y evitar que debamos revivir estos recuerdos difíciles.

Sea cual sea nuestra reacción (lucha, inercia o huida), finalmente nos preguntamos cuál es la naturaleza de este exterior que nos afecta. ¿Es este entorno el que es fuente de estrés, o es más bien la emoción o el recuerdo que despierta en nosotros lo que la crea?

Sentir estrés nos permite encontrar nuestros límites y, en consecuencia, conocernos mejor. Mediante la observación de los mecanismos que nos hacen ir hacia una forma de supervivencia, de estrés, nos damos cuenta a menudo de que un mal recuerdo o incluso un miedo —que queremos evitar a toda costa— no pararán de aparecer en nuestra vida bajo formas a veces muy distintas. Hay que aprender pues a conocerse: a base de querer alejar el estrés sin afrontarlo, uno se arriesga a encerrarse en él.

«Testimonio: Ludovic, 36 años

Llevaba mal la autoridad de mi padre y nunca me atreví a decírselo. Durante mi infancia, por amor, mi madre se ponía entre ambos para atenuar nuestros conflictos, calmar mis frustraciones y yo nunca supe transmitirle cuáles eran mis límites, lo que sentía con el corazón. Me hice cargo de mí y esperé a ser mayor de edad para vivir mi independencia y alejarme de él.

Con el título de mis estudios en el bolsillo, llego a un trabajo con un jefe autoritario, lo que me desestabiliza e impide que llegue a posicionarme delante de él. Él siente mi debilidad y cada vez me respeta menos.

Para protegerme a mí mismo, intento parecer indiferente —mientras que, en el fondo, estoy muy afligido— lo que desespera todavía más a mi superior, o me entrego en cuerpo y alma para hacer un trabajo impecable y así evitar los reproches. Las horas dedicadas a este objetivo me hacen perder el juicio; mi jefe recalca mis errores y sus críticas me hieren. **Me encuentro presionado, siento que cada vez estoy menos en mi lugar, me siento menos hábil y empiezo a dudar de mis capacidades. Tengo miedo de explotar, la presión aumenta...**

En cuestiones de pareja, como no me gustan los enfrentamientos, tengo tendencia a situar a mi pareja ante los hechos consumados, algo que no le gusta, ya que se siente ignorada. Se queja, me culpa y yo me resigno. Nuestra relación se deteriora, ya que para evitar sus gritos, sus comentarios, llego más tarde sin avisarla. Su frustración se traduce en discursos violentos, que hieren. **Me siento la víctima de un verdugo colérico... a pesar de que mis intenciones son buenas. Estoy desarmado**».

Este patrón se repetirá tanto que este hombre no decidirá analizar lo que hay más allá de los hechos para entender de dónde procede el estrés.

- ¿Qué es lo que se encuentra tras su comportamiento? ¿Por qué reacciona de esta manera?
- ¿Qué es lo que se repite cada vez y hace que irremediablemente se tenga que enfrentar a los mismos problemas?

Necesita encontrar un comportamiento adaptado para enfrentarse a la situación, salir de este patrón y pasar a la acción. A veces, algunas etapas requieren el acompañamiento de un profesional para ayudarnos de manera eficaz en nuestra auto-liberación.

GUIÑO PERSONAL

Tome el tiempo de observarse a sí mismo después de un momento de estrés:

- ¿Cómo se siente?
- ¿Qué observa a nivel de los patrones de su vida? ¿Hay patrones que se repiten, dinámicas que se reproducen en contextos diferentes?
- ¿Podría nombrar la primera pieza de dominó que arrastra a las otras con su caída?
- ¿Qué podría hacer en concreto usted hoy, con calma y respeto para todos, para salir de esta

SUPERAR EL ESTRÉS PARA SER UNO MISMO

Un sentimiento de estrés no controlado puede impedir que seamos realmente quienes somos, y además nos prohíbe directamente el acceso a nuestro potencial y a nuestras competencias futuras.

Existe un mecanismo, relacionado con la urgencia, que responde naturalmente a los estímulos del estrés: delante de una situación que nos afecta y que *a fortiori* es incómoda, huimos, nos enfadamos o nos quedamos sin voz, paralizados. Sea cual sea nuestra reacción (huida, lucha o inercia), perdemos el control de nosotros mismos, desconectados de nuestros deseos, de nuestras necesidades, de lo que nos importa y de nuestra singularidad. Estamos en una situación de supervivencia y esta tensión tiene un impacto en nuestro cuerpo, lo que nos cansa a nivel nervioso y físico.

Sin embargo, una reunión será más eficiente, un debate más fructífero y un imprevisto estará mejor gestionado si permanecemos relajados y mantenemos el pleno control de nuestras posibilidades. Incluso nuestra postura será más convincente y nuestro discurso más justo. Las soluciones se impondrán más rápidamente si actuamos conforme a nosotros mismos y, al final del día, estaremos menos cansados.

La relación acción-reacción

Para ayudarnos a entender mejor este estado de supervivencia y las posibles perspectivas de cambio, empezaremos
por recordarnos que nuestro comportamiento es una
herencia del reino animal y que, por consiguiente, ante una
situación estresante, actuamos por instinto, por reflejo o
por automatismo:

> «Tú dices.
> Yo contesto.
> Tú actúas.
> Yo replico.

En este tipo de relación acción-reacción, las respuestas se
desencadenan unas tras otras. Percibimos los elementos y
eventos exteriores como ataques de los que hay que defen-
derse. En este momento, nos convencemos de que tenemos
que estar en guardia para estar preparados para reaccionar
antes de que nos desestabilicen. La reacción rápida parece
ser la mejor manera que tenemos de protegernos, una de-
fensa imparable frente a este exterior impredecible.

Pero hay que ir con cuidado porque nos alejamos de nuestra
propia esencia: al querer correr, nos olvidamos de quiénes
somos y de cuáles son nuestros valores. En realidad, no le
dedicamos mucho tiempo y espacio a encontrar un comportamiento adaptado a la situación que se presenta, por
lo que nuestras respuestas son a menudo limitadas y no

suelen ser concretas. La presión aumenta y deja poco margen de maniobra. Nuestras palabras y/o nuestras acciones han superado a nuestro pensamiento y no han dejado que aparezca nuestro verdadero «yo».

El aislamiento

Siguiendo esta lógica, también tenemos tendencia a buscar una zona de confort, sinónimo de seguridad, e instalamos una rutina en nuestras acciones y pensamientos. Además de demostrar una relativa rigidez en nuestros juicios, lo que asegura nuestra estabilidad interior, empezamos a simplificar los hechos —bien o mal— y a categorizar a la gente —buenos o malos. Nos encerramos en actitudes que dejan muy poco sitio a las otras opiniones. De esta forma, una actitud repetida una vez, dos, puede ser fuente de generalidad y nuestra reflexión se vuelve empírica. Finalmente, nuestros hechos y nuestros gestos se guían por la imagen social que pueden suscitar: el miedo a ser juzgado negativamente, el miedo al rechazo de los otros, etc.

Este estado de ánimo nos encierra en nosotros mismos, nos aísla, lo que limita y endurece nuestra visión de la vida y nuestra percepción de las cosas y de los otros. Además de esta constatación, esto nos hace sentirnos presionados y experimentar un estrés permanente. La existencia, el trabajo y los demás nos parecen pesos con los que hay que cargar y esto nos exige cada vez más esfuerzos para continuar existiendo y siendo eficaces a pesar de la pesada carga que llevamos encima y que nos encoge.

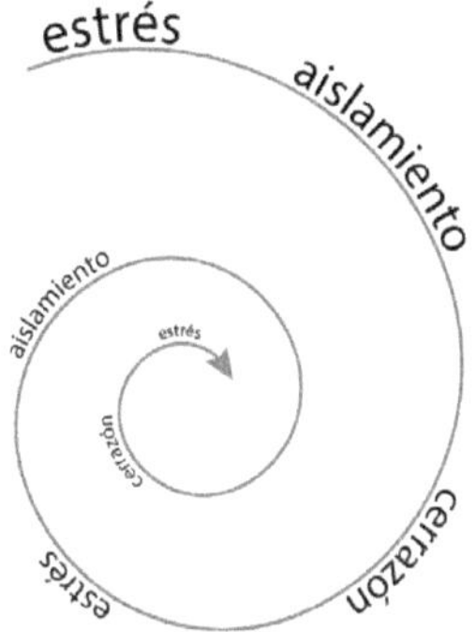

Sin embargo, ¿por qué se está en la Tierra si no es para existir como un ser completo, capaz de querer y de aceptar al otro y a sí mismo, y para hacer valer sus habilidades —¡todos tenemos!— en el seno de un trabajo, de una empresa?

De la supervivencia a la creatividad

Para dirigirse hacia esta realidad, hay que imaginarse la siguiente situación:

- un «yo», ser acabado con límites definidos (el cuerpo);
- un elemento exterior (una situación, una persona), que también está limitado.

Cuando este exterior se dirige hacia nosotros, dicho de otra forma, cuando nos pasa algo, los límites de este elemento vienen a encajar con los nuestros, como dos manos que se entrelazan.

Entre las dos entidades en contacto, existe un espacio dedicado al rencuentro. Se trata de una zona neutral, una especie de *no man's land* en la que cada uno se toma el tiempo y el lugar necesarios para encontrarse con su «yo» profundo. En esta fase, es importante plantearse las preguntas correctas para poder evaluar las que pueden ser las mejores respuestas, los mejores comportamientos para adoptar frente a una situación, y esto solamente en función de uno mismo:

- ¿Qué es importante para mí?
- ¿Qué deseo?
- ¿Qué me resulta incómodo?
- ¿Qué quiero decir o hacer?

Este encuentro nos permite ver llegar a este exterior sin sentirnos abrumados y poder calmarnos para actuar luego de forma más eficaz. Mediante este encuentro, aprendemos a conectarnos con nuestro yo y a distinguir lo que nos afecta personalmente. Tomar distancia de esta manera nos permite también respetarnos. Antes, nuestro comportamiento estaba dictado por el miedo a ser juzgados o rechazados; hoy, esta zona de encuentro nos permite entrar en contacto con nuestra opinión personal, con lo que pensamos, lo que constituye nuestro «yo» único.

El contexto social

Según el sociólogo americano Hudson, la evolución del contexto social durante estas últimas décadas contribuye, hoy en día, al aumento de la presión social en las empresas. El estrés afecta la vida diaria de muchos trabajadores cuyos superiores esperan un alto rendimiento constante. Hay varios factores que debilitan a las personas y que se encuentran en el origen de estos cambios de mentalidad.

- **El tiempo de aprendizaje.** Mientras que antes, el tiempo que se dedicaba al aprendizaje de una profesión estaba limitado —a un período de estudio le sucedía normalmente una segunda fase que nos adjudicaba definitivamente una profesión concreta—, hoy en día aprendemos constantemente. Después de terminar la escolarización, no es extraño especializarse, seguir formaciones complementarias y/o reorientar nuestra carrera. Algunos entran en escuelas de seniors, siguen cursos como alumnos libres... Nuestro aprendizaje es continuo; peor: ¡incluso aprendemos a aprender!
- **Las fases de la vida.** Antes, la vida se dividía en dos períodos: la infancia y la edad adulta. Hoy en día, nuestra existencia es como un libro cuyos distintos capítulos se organizan en función de nuestras diferentes experiencias: estudiamos, nos vamos al extranjero, nos casamos, nos separamos, cambiamos de profesión, de vivienda, nos estabilizamos conociendo a nuevas personas. Las vías son múltiples y los cambios derivados estructuran nuestra vida de forma aleatoria.

- **El ritmo de vida.** Nuestros antepasados trabajaban duramente y sin relajarse con la esperanza de poder disfrutar más adelante de días mejores; no dudaban de que el futuro era una fuente de felicidad, de alegría y salud. Actualmente, esta visión de la vida ha perdido terreno en detrimento del «todo, todo ahora mismo». Ya no es cuestión de esperar: el futuro es demasiado incierto, mientras que las cosas evolucionan y pasan de moda con mucha rapidez. La sociedad actual nos incita sin cesar al consumo, presentándonos una visión exaltada de un ideal de vida si compramos este bien o este otro. Una promesa de felicidad a menudo alejada de lo que sentimos en realidad... Y además, esto nos somete a una presión considerable, puesto que para alcanzar y mantener un cierto nivel de vida hay que gastar siempre más, ya que el mercado crea sin cesar nuevos productos que originan, por su parte, nuevas necesidades o deseos.

- **La organización de la sociedad.** Antiguamente, la importancia de los valores patrióticos, religiosos y familiares aportaba una estabilidad, un camino hacia el que encarrilarse. Desarrollábamos nuestra carrera en una misma empresa, y el sentimiento de seguridad venía de las estructuras exteriores. Hoy en día, las crisis se multiplican, las convicciones religiosas ya no son unánimes y cada uno vive según su propia «filosofía» de vida inspirada en fuentes espirituales y/o filosóficas, así como en sus experiencias personales. Las familias están mayoritariamente divididas, la apertura hacia lo internacional acelera las deslocalizaciones, favorece los movimientos de población, las empresas realizan despidos. En un contexto semejante, el sentimiento de seguridad de la gente viene del interior.

Algunas personas lo pasan mal ante estos cambios en la sociedad: debilitan su percepción de la vida y les impiden recuperarse de algunos acontecimientos. En este momento son presas de la fatiga moral, ya que tienen la impresión de vivir constantemente en un sitio del que los pueden expulsar. A esto hay que añadir las creencias transmitidas y la inseguridad que sienten algunos trabajadores hacia el medio profesional en el que operan:

* el personal está bajo presión, ya que esto resulta más productivo a corto plazo;
* lo que se logra ya no es permanente: nuestra carrera ya no se desarrolla necesariamente en una misma empresa, no hay nadie indispensable y solamente hay lugar para los más motivados.

GUIÑO PERSONAL

* ¿Hay creencias específicas en mi entorno de trabajo?
* ¿Cuáles son las fuentes de estrés en el trabajo?

Los síntomas de estrés en el trabajo

El estrés desatendido es como una tormenta que a su paso se lleva muchas cosas por delante.

Puede activarse de distintas maneras: una falta de confianza en uno mismo, un miedo de decepcionar, un objetivo que parece inalcanzable, un ambiente difícil entre colegas, una presión debido a algo que hay que lograr, una falta de diálogo y de comunicación —lo que hace que la tensión en el ambiente aumente—, un responsable autoritario y desdeñoso, un malestar personal, etc.

- Al principio, la persona estresada ignora su malestar repitiéndose que el tiempo arregla las cosas. Supera sus preocupaciones, presta más atención a las cosas para no cometer errores.
- En la fase siguiente del estrés, se da cuenta de que este mal existe y persiste. Se da cuenta de que esto la pone bajo presión, la desconcentra, le impide dormir, dificulta sus relaciones con los demás, la aísla durante el día. Luchará constantemente contra el malestar que la sigue de vuelta a casa.
- Si la situación empeora todavía más, su trabajo sufrirá las consecuencias con un riesgo de errores más importantes. Esta persona está agotada mental y físicamente, ya que lucha para seguir en su puesto y esto le pide mucha energía.
- Entonces aparece la desesperación, las ganas de tirar la toalla. ¿Qué hay de bueno, ya que todo es opaco, sin vida, sin alegría, sin motivación?

La espiral del estrés puede inmiscuirse de manera rápida y/o traicionera un poco más cada día. Así pues, hay que estar atento a los primeros síntomas para reaccionar a tiempo.

LOS MEJORES CONSEJOS

- Sea como un deportista profesional, que se asegura un equilibrio vital para ser eficiente a largo plazo. Lleve un estilo de vida saludable con un sueño regular, momentos de relax con sus amigos, un espacio para evadirse con sus pasatiempos. Haga deporte para oxigenar a su mente, pase tiempo con aquellos a los que ama y opte por una dieta variada y equilibrada.
- Disfrute del momento presente en vez de preocuparse por el futuro o de lamentarse por el pasado.
- Oblíguese a fijar objetivos a corto, medio y largo plazo: esto dará sentido a sus acciones y a su existencia. Si las tareas se multiplican, haga una lista de cosas por hacer para jerarquizar, por orden de prioridad, las obligaciones más urgentes y reúnase consigo mismo para llevarlas a cabo.
- En vez de optar por una rutina que le aporte tranquilidad, puede decidir volverse curioso, más abierto a los cambios, al exterior que le rodea. Vaya a un sitio desconocido por lo menos una vez al año. Si se siente encerrado en sus rígidos pensamientos, puede decidir volverse más adaptable: pruebe la flexibilidad, que relaja las tensiones internas.
- Párese un momento y haga balance de su vida. Si tiene tendencia a clasificar a la gente y las cosas en categorías (bueno-malo, bien-mal), intente suavizar sus comentarios y relativizar después de haber tomado distancia y otra perspectiva con usted mismo y con su relación con el exterior. Sea más flexible con la vida y con usted mismo y

valore a la persona que es desde hoy mismo. El esfuerzo, la dirección de la vida que escoja, cuenta más que la meta.

- Si se siente superado por una tarea que tiene que realizar, pida ayuda o información suplementaria. No se encierre en sus incertidumbres, si no su confianza en usted mismo se debilitará.
- No deje que los «siempre» y los «nunca» le impongan una visión cerrada de la vida: cada acontecimiento es único y merece una reflexión adaptada.
- Encuentre su opinión personal, porque es precisamente lo que le hace único, auténtico y útil. Todo miedo a ser juzgado tendría que desaparecer también, permitiéndole encontrar su lugar y mostrar sus talentos con total serenidad.

PREGUNTAS MÁS FRECUENTES

¿PARA QUÉ SIRVE EL ESTRÉS?

El estrés es un estado de alarma útil.

Así, metafóricamente, cuando se produce un acontecimiento, consultamos nuestra biblioteca interna —parte del cerebro que reúne nuestras experiencias directas e indirectas, nuestras creencias, nuestros códigos sociales, nuestros valores y antivalores, nuestros sentimientos, etc.— ya que ésta tiene que dar una respuesta adaptada a la situación que se presenta. Busca en sus diversas secciones de almacenamiento una respuesta que pueda ser adecuada. Si no encuentra nada que funcione, da una información que crea una tensión que significa que este hecho/esta realidad no está dentro de las normas y que ella, de forma espontánea, no puede proponer un comportamiento adecuado.

A partir de este momento, entendemos que la activación del estrés en un individuo es una consecuencia. Esta tensión contiene un mensaje, una información: algo nos afecta y hay que prestarle más atención, ya que ¡no estamos preparados para ello!

¿CÓMO SE RECONOCE EL ESTRÉS?

Las manifestaciones del estrés que vivimos —la huida, la lucha o la inercia— pueden informarnos de ello. Cuando una situación nos produce incomodidad, inseguridad o nos supera, vivimos momentos de huida, de lucha o de inercia pasando de la una a la otra rápidamente y sin un orden concreto.

«Voy con el coche a visitar a un cliente y por el camino, hay un accidente de tráfico. La carretera se colapsa y la gente ya no avanza. Me quedo atascado con mi vehículo y presiento que llegaré tarde.

Empiezo a intentar salir de allí, meterme en el carril de la derecha para salir en cuanto sea posible, quiero moverme **(huida)**. Luego, compruebo que los coches están atascados, que no hay nadie que avance, entonces toco el claxon, pienso que los otros conductores son inútiles, me ponen de los nervios **(lucha)**. Mi mirada pasa por el reloj del salpicadero y constato con desánimo que a pesar de mis esfuerzos, el tiempo pasa, que llegaré tarde y que no puedo hacer nada al respecto. Tengo ganas de abandonarlo todo, de volver a casa **(inercia)**. Entonces veo a lo lejos a un camión que avanza y esto me da esperanzas. Intento colarme **(huida)**...»

Guiño personal

Piense en una situación incómoda o inquietante que haya vivido recientemente.

- ¿Sintió que el estrés se iba haciendo cada vez más fuerte en usted?
- ¿Qué comportamiento adoptó?
- ¿Pasó por las diferentes manifestaciones del estrés (huida, lucha e inercia)?

¿QUÉ SE ESCONDE TRAS EL ESTRÉS?

El método de los «dos por qué» es una manera rápida y eficaz para identificar lo que se esconde tras el estrés.

Cuando siente que la tensión se empieza a apoderar de usted, ¿se pregunta realmente por qué? ¿Por qué ahora, de esta forma? ¿Por qué de repente le pone nervioso esta situación? Si profundiza en esta reflexión, corre el riesgo de sorprenderse, ya que tras este sentimiento de estrés ¡se esconde un miedo! Entonces, usted se da cuenta de que no es el acontecimiento concreto lo que crea estrés: su presencia reactiva una tensión que ya estaba presente en usted.

El ejemplo del atasco, que hemos desarrollado previamente, permite ilustrar esta teoría.

> **El primer por qué.** ¿Por qué el hecho de quedarse atascado/a en atascos provocados por un accidente de tráfico me causa estrés? La respuesta se hace evidente: no me gusta llegar tarde, sobre todo cuando se trata de ir a casa de un cliente que no conozco mucho, y cuando lo había planificado todo para que mi *timing* fuera perfecto. Toda mi organización se ve alterada por culpa de este acontecimiento inesperado.
>
> **El segundo por qué.** ¿Por qué el hecho de llegar tarde y de ver mi organización alterada me estresa? La respuesta a esta pregunta concierne sobre todo a la imagen que envío al exterior: no tengo ganas de que se crean que no soy profesional y tengo miedo de perder credibilidad a ojos de mi cliente.

¿CÓMO CONVIVIR CON UN COLEGA ESTRESADO?

La primera etapa consiste en darse cuenta del estrés del otro. Esto no siempre es fácil, porque hay que poder comprender su mecanismo. ¿Qué es lo que le hace estar presionado? ¿Qué comportamiento adopta él (huida, lucha o inercia) frente a qué circunstancia?

- Primer consejo: no intente razonar con alguien que vive una situación estresante, ya que esto no sirve de nada. Al contrario, se arriesga a que le digan cosas fuera de lugar, a ser la fuente de intercambios violentos o de diálogos nada productivos. En realidad, es exactamente como si le dijera a alguien que está suspendido en el vacío que se relajase y se dejase llevar.
- Luego intente identificar lo que le molesta en el comportamiento de su colega, ya que su actitud puede ser nefasta para el equipo y para usted.
- Después, cuando el momento de estrés haya pasado,

tenga una conversación con su colega para hacer que se dé cuenta de su manera de actuar. Sin acusaciones ni juicios, expóngale el episodio como un hecho. Pídale si se reconoce en la descripción que le hace usted y háblele de lo que usted sintió, de lo que esto implica para usted y para el equipo.

* Finalmente, encuentren conjuntamente una solución para que en una situación equivalente, con confianza, ambos estén mejor preparados.

Este tipo de discusión sin juicio es productiva para un equipo, ya que esto genera confianza entre los empleados. Dado que todos estamos estresados alguna vez, hay que llegar a instaurar un clima en el que el debate sea posible y el intercambio positivo para una mejora colectiva.

GUIÑO PERSONAL

* ¿Vive o trabaja con una persona estresada?
* ¿En qué circunstancias esta persona se ve afectada por estrés?
* ¿Qué tipo de comportamiento adopta esta persona?
* ¿Cómo podría usted abordar el tema siendo positivo?

¿CÓMO SE PUEDE ALIVIAR EL ESTRÉS?

La primera pregunta que hay que plantearse es «¿cuál es la causa original del estrés que siento?». En realidad, puede venir de dos fuentes:

- **de los malos recuerdos vinculados a nuestra memoria.**
  La tensión se activa con malos recuerdos que guardamos
  en la memoria. Para librarnos de tal(es) problema(s) hay
  que iniciar un trabajo personal, ya que si siguen activos,
  serán una fuente de estrés siempre que se presente un
  acontecimiento similar, que aborde el mismo tema o las
  mismas creencias. Estos problemas pueden dividirnos de
  tal manera que no nos libremos de su control en nuestra
  psique.
- **de la naturaleza misma de este desacuerdo.** Esto nos
  confronta a antivalores, a juicios negativos, a situaciones
  que nos incomodan y que no deseamos vivir/revivir. En
  este caso, se aconseja tomar distancia para aplicar medi-
  das concretas adaptadas a la situación.

Cuando la fuente de estrés ya se ha identificado gracias a las
respuestas de los «dos por qué» y se ha previsto una solución concreta adaptada, es indispensable pasar a la acción.
Entonces, muy rápido, usted se da cuenta de que su cuerpo
y su mente se tranquilizan y que el estrés disminuye. En el
ejemplo del atasco que hemos mencionado anteriormente,
el miedo identificado no es nada menos que el miedo de
parecer poco profesional y de perder toda credibilidad a ojos
del cliente.

Pero, ¿qué comportamiento hay que adoptar para tener en
cuenta esto? ¿Por qué no llamar al cliente y anunciarle que
el retraso se debe a un accidente, aconsejándole que tome
un café mientras espera? Dicho y hecho: la sensación de ali-
vio no se hace esperar. La próxima vez se acordará de esto...

EN RESUMEN

- El estrés es natural y afecta a todo el mundo, incluso a los animales. Puede traducirse en tres comportamientos: la huida, la lucha o la inercia.
- Entender el origen del estrés le permitirá aprender más cosas sobre usted mismo, encontrar y confrontarse con sus problemas internos... una buena puerta de entrada para el camino hacia la serenidad.
- Existe un método para identificar la fuente escondida del estrés: las respuestas a los «dos por qué». Esto debería poderle permitir encontrar el comportamiento adecuado en función de las determinadas situaciones y controlar su estrés con éxito.
- Estar bajo tensión restringe su potencial, ya que entonces usted lleva a cabo acciones de supervivencia limitadas y por lo tanto no siempre adaptadas a la situación que se le presenta.
- Sea como un deportista de alto nivel: apostar por un estilo de vida saludable y una existencia equilibrada le permitirá ser eficaz a largo plazo.
- Para combatir mejor el estrés, hay que crear un espacio neutro —una zona de encuentro en la que pueda analizar, con total seguridad, lo que le ocurre, tomar el tiempo y el espacio necesarios para conectar con su ser, sus deseos, sus habilidades, sus creencias, su creatividad— para encontrar un comportamiento adecuado.
- Conectado con sus sentimientos, ganará confianza en sí mismo y se atreverá a autoafirmarse: utilizará sus fortalezas en su vida —tanto profesional como personal—, en

sus relaciones con los colegas y también en las acciones que lleve a cabo.

- El estrés se vuelve entonces una valiosa herramienta que le indica que está bloqueado en un patrón de supervivencia en el que se encuentra limitado y encerrado. Su presencia le invita a avanzar hacia una dinámica más creativa, más respetuosa, más emprendedora, hacia un sinfín de posibilidades.

¡Tu opinión nos interesa!
¡Deja un comentario en la página web de tu librería en línea,
y comparte tus favoritos en las redes sociales!

PARA IR MÁS ALLÁ

FUENTES BIBLIOGRÁFICAS

- Dini, Marie-Hélène, Pascale Machet y Liliane Hellio. 2007-2008. *Module sur le stress, les peurs, les passions d'Hudson*. Formación por MHD coaching.
- Brébion, Jean-Philippe. 2012. "Les Clés de la BioAnalogie". Formación. Consultado el 1 de diciembre de 2016. www.bioanalogie.com
- Brébion Jean-Pierre. 2011. *L'Évidence*. Quebec: le Dauphin Blanc.
- Moorkens, Pierre, Chantal Vander Vorst y Benoît Ebrard. 2011. *Module sur la gestion du stress et les modes mentaux*. Session B. Formación por el Institute NeuroCognitivisme.
- de Radiguès, Géraldine. Taller "La gestion du stress". Consultado el 1 de diciembre de 2016. www.geraldine-de-radigues.be

¡APRENDER NUNCA ANTES FUE TAN RÁPIDO!

www.en50minutos.es